AF360132

t. LAUBY
...ant du Ministère de l'Instruc-
...que. Collaborateur au Service
...arte géologique de la France.

DE LA

CRÉATION

D'UN

MUSÉE

A

SAINT-FLOUR

(CANTAL)

SAINT-FLOUR
IMPRIMERIE A. REGIMBAL, 17, PLACE GAMBETTA
—
1907

Ant. LAUBY

Correspondant du Ministère de l'Instruction publique. Collaborateur au Service de la Carte géologique de la France.

DE LA

CRÉATION

D'UN

MUSÉE

A

SAINT-FLOUR

(CANTAL)

SAINT-FLOUR

IMPRIMERIE A. REGIMBAL, 17, PLACE GAMBETTA

1907

DU MÊME AUTEUR :

a) **Généralités**

1902   La vie végétale sur le Massif central de la France. *(Conférence faite au Palais de l'Université de Clermont-Fd, le 22 février. Autogr.*

1902   Compte-rendu du Congrès d'Aurillac. *(Rev. d'Auv. et Rev. de la Hte Auvergne*, 80 p. in-8°).

1902   Note sur l'herbier de M. le D' Pradenbes *(Revue d'Auvergne).*

1903   Botanique du Cantal ; bio-bibliographie analytique suivie d'une liste des végétaux vivants et fossiles nouveaux pour cette région. *(Rev. de la Hte-Auv.*, 76 p. in-8°.)

1903   Rapport sur la visite de l'herbier Roche au Collège de St Flour (Cantal). *(Bull. acad. géogr. bot.)*

1905   Catalogue des collections botaniques du Massif central de la France (Diplôme d'honneur à l'exposition internationale de botanique, Vienne 1905), en collaboration avec M. Lassimonne. *(Rev. Scientif. du Bourbonnais et du Centre de la France*, 216 p. in-12.

1905   Les collections végétales du Musée H. Lecocq. *(Rev. d'Auv.* n° 5, 8 p. in-8°.)

b) **Paléontologie**

1902   Note sur : Die Pliocänbüche der Auvergne, de Frantz Krasän. *(Revue d'Auvergne.)*

1903   Rapport sur les dépôts diatomifères de Neussargues (Cantal). *(Bull. acad. géogr. bot.)*

1903   Sur des échantillons de basalte présentant des empreintes végétales. *(Associat. franç. av. sciences et bull. acad. géogr. bot.)*

1904   Première note sur la florule miocène du Trou de l'Enfer, commune d'Andelat, près Saint-Flour (Cantal). *(C. R. Assoc. franç. av. sc. cong. Grenoble.)*

1905   Les gisements de plantes fossiles de la vallée de la Véronne (Cantal) *Rev. d'Auv.*, n° 3.)

1905   Sur le niveau diatomifère du Ravin des Egravats, près le Mont-Dore (Puy-de-Dôme). *(C. R. Acad. sciences, Séance 23 janvier.)*

1905   Coupe d'un sondage de 20 mètres dans la silice de diatomées fossiles du dépôt miocène de Sainte-Reine, près Murat (Cantal), en collaboration avec M. Pagès-Allary. *(Rev. d'Auv.*, n° 2).

1906   Rapport sur les feuilles de Clermont-Ferrand, Mende, Saint-Flour et Mauriac *(Bull. serv. carte géolog. de la France, C. R. des collaborateurs, T. XVI.)*

1907   Rapport sur les feuilles de Clermont-Ferrand et Brioude. *(Bul. serv. carte géolog. de la France, C. R. des collaborateurs, T. XVII.)*

1907   Sur des niveaux diatomifères et lignitifères nouveaux de la région du Mont-Dore (Puy-de-Dôme). *(Bull. serv. carte géolog. de la France, T. XVII.)*

c) **Botanique**

1902   Un orchis nouveau pour la flore d'Auvergne : *Orchis pallens L.* *(Rev. d'Auv.)*

1903   Rapport sur l'excursion à Garabit (Cantal). *(Bull. acad. géogr. bot.)*

1904   Répartition des fleurs parfumées dans les diverses familles de la flore française, insérée dans : *Les parfums des fleurs*, par M. le Dr Dieulafé. *(Rev. d'Auv., n°s 3 et 4.)*

d) **Botanique appliquée**

1901   Les maladies des vins d'Auvergne (Causes, caractères propres, remèdes). Deux conférences faites les 12 et 19 mai. *Autogr.*

1903   L'acclimatation des pommiers dans le Cantal. *(C. R. Ass. franç. av., sc. congrés d'Angers.)*

e) **Anthropologie préhistorique**

1902   Note sur la collection de M. Aymar. *(Rev. d'Auv.)*

1902   Découverte d'une villa gallo-romaine au lac de Sainte-Anastasie, près Neussargues (Cantal), en collaboration avec M. Pagès-Allary. *(Ass. fr. av. sc. cong. Montauban.)*

1903   Fouilles du puy de La Fage, près Saint-Flour (Cantal). *(Ass. franç. av. sc. cong. Angers.)*

1903   Premières fouilles dans un village en pierres sèches, d'âge indéterminé, en collaboration avec MM. Pagès-Allary et Rhodes. *(Ass. fr. av. sc. cong. Angers.)*

1903   Nouvelles fouilles et découvertes dans l'arrondissement de Murat (Cantal), en collaboration avec M. Pagès-Allary. *(Ass. fr. av. sc. cong. Angers.)*

1903   Le tumulus arverne de Celles, près Neussargues (Cantal), en collaboration avec MM. Pagès-Allary et Déchelette. *(L'Anthropologie, T. XIV. 3e p.)*

1903   Station gallo-romaine de Moissac (Cantal), en collaboration avec M. Pagès-Allary. *(Ass. fr. av. sc. cong. Angers.)*

1903   Fouilles gallo-romaines à Laval (Cantal), en collaboration avec M. Pagès-Allary. *(Ass. fr. av. sc. cong. Angers.)*

1903   Station gallo-romaine de Neussargues (Cantal), en collaboration avec M. Pagès-Allary. *(Ass. fr. av. sc. cong. Angers.)*

1904   L'abri sous roche de la Tourille, près Murat (Cantal), en collaboration avec M. Pagès-Allary. *(Rev. d'Auv.,* 20 p. 2 pl. hors texte.

1905   Le tumulus du Soult, près la Fageole (Cantal), en collaboration avec M. Pagès-Allary. *(Rev. d'Auv)*

1905   Fouilles aux Vérines, près Allanche (Cantal), en collaboration avec M. Pagès-Allary. *(Rev. d'Auv ,* n° 2.)

Nombreuses analyses, comptes-rendus, etc.

DE LA CRÉATION D'UN MUSÉE

À SAINT-FLOUR

Réponse à une interview de M. A. Regimbal,
Directeur du " Courrier d'Auvergne "

Je trouve M. Lauby dans sa bibliothèque : le cabinet
de travail d'un « homme de sciences » positif et pratique,
pour qui les œuvres d'art, tableaux, statuettes, bibelots et
autres chinoiseries d'ornementation — que l'on est habitué
à rencontrer chez beaucoup de nos contemporains que la
notorité a fait « Ceux dont on parle » — sont objets encom-
brants, tout au moins inutiles.

A la place d'honneur, à droite et à gauche du bureau,
deux grands portraits de famille ; sur le bureau, la photo·
graphie de Rames, du grand Rames, grand oncle de M. A.
Lauby ; fixé au mur, dans un coin, le diplôme d'honneur
que le Congrès de Vienne, il y a quelques années, après un
concours international, ne décerna qu'à quatre savants
Français.

Tout autour de l'appartement, le long des murs, dans
tous les coins et recoins, des livres, des livres, des livres :
tous de sciences exclusivement : pas un seul roman, pas
une revue profane, pas une page d'imagination pure, de
littérature proprement dite.

Près d'une fenêtre, sur une table spéciale, un fort
microscope, toute une série d'instruments d'optique qui me
regardent avec méfiance, et semblent attendre le regard
inquisiteur du maître. Sur une commode, entre deux énormes vertèbres grosses comme un corps d'homme et ayant
appartenu à un *Elephas* découvert dans les fouilles de Car-
thage, une magnifique corne d'*Auroch*, des sablières de
Châtelguyon. Sur une table, au milieu de la pièce, des
fragments de poterie, un tibia d'Esquimau des cailloux de
toute sorte : une miniature de musée.

La fenêtre, ouverte sur le panorama des Margerides
empanachées de neige, laisse entrer l'air à la fois doux et vif
d'une soirée d'hiver qui ne veut pas se décider à devenir
printemps.

Très aimablement, M. Lauby me designe un fauteuil
et la conversation s'engage.

Sur le Musée? Que non pas ! J'ai oublié ce pour quoi je suis venu ici ! hypnotisé par tout ce qui m'entoure, l'imagination prise par l'évocation d'époques mystérieuses, je fais comme un enfant qui verrait pour la première fois la lumière du jour et les beautés de la vie, questions sur questions.

Je veux tout savoir ; je touche à tout ; je veux connaître tout et autre chose encore ; M. Lauby affable et souriant, satisfait, le plus amicalement du monde, mon insupportable curiosité : l'intéressante et magique leçon !

Pas à pas, mon savant compatriote — qui doit m'en vouloir du temps précieux que je lui fais perdre — me conduit et me guide dans le labyrinthe prodigieux des temps préhistoriques. Quel émerveillement ! mais quelle honte, aussi, pour moi, pauvre littérateur sans littérature, de me sentir écrasé par une masse imposante de connaissances aussi précises, par une science qui l'emporte tellement sur la plus feconde, la plus formidable, la plus géniale des imaginations.

Et c'est la genèse du globe terrestre ; la formation de notre sol auvergnat ; c'est, après des siècles et des siècles, la venue en Auvergne de l'homme — de petite taille, de race jaune — dont je manie les silex taillés, les poteries et bibelots, ornementes de dessins simples et sans fioritures, mais point maladroits ; dont un tibia spongieux, et rouge noir, que je soupèse, semble attester l'éternité de la race, en même temps que la mortalité de l'individu.

Mon guide ne tarit pas : mais je ne puis tout comprendre ; je m'embourbe dans les terrains aux noms baroques ; la moindre empreinte d'une plante, d'une fleur à jamais disparues de nos régions m'arrête et m'embarrasse. Je demande grâce et pitié pour mon ignorance.

... La transition est toute trouvée : « Mais c'est tout un musée que vous me montrez là » dis-je à mon hôte. Il sourit : il a compris.

« Eh ! bien, oui, continuai-je, c'est vous que je devais voir le premier, puisque je voulais lancer la question d'un musée à Saint-Flour. C'est à vous que je devais demander tous les renseignements, tous les « tuyaux », poser toutes les questions.

M. Lauby se lève et prend, dans un tiroir que je soupçonne être une place aimée, un volumineux dossier, qu'il ouvre devant moi :

Je tenais mon homme et mon interview ;

Vous me demandez, Monsieur le Directeur, de vous faire connaître mes idées et mes projets en vue de la création d'un musée à Saint-Flour, et cela pour les motifs suivants :

1º Parce que vous avez reçu un article touchant cette question, article que vous voudriez publier en le complétant de tous les documents susceptibles de mettre la question bien au point, l'initiative de l'auteur vous paraissant excellente.

2° Parce que cette création vous semble d'une importance et d'une complexité telles, que vous ne croyez pas que son exécution soit possible, sans une étude complète et approfondie de sa formation et de son organisation.

3° Parce que, ces jours derniers, le conseil municipal a demandé à l'Etat, que l'immeuble de l'évêché, devenu vacant, soit affecté à l'installation d'un musée et de la bibliothèque et que son intention est de poursuivre la réalisation de ce double projet.

4° Parce que, ayant été le promoteur de l'idée, vous avez supposé que je pouvais en l'occurence vous fournir d'utiles renseignements.

Dans ces conditions, vos questions étant *d'intérêt général* et posées dans le but d'éclairer la religion de nos concitoyens sur les avantages que doit leur procurer la création d'un musée au chef-lieu de notre arrondissement, leur faire connaître ce qu'il doit être pour remplir sa destination de façon effective ; je crois de mon devoir de répondre à votre interview de la façon la plus large possible, tout en vous remerciant d'avoir songé qu'en 1902, j'avais sous forme de vœu, préconisé cette création. (1)

Je le ferai tout simplement, en parcourant avec vous le dossier que j'ai constitué à cet effet et qui contient la suite de mes efforts pour mener à bien la réalisation de ce vœu, vœu auquel je m'intéresse au plus haut point, non seulement par amour pour mon pays, mais parce que je suis fier de tout ce qui doit l'honorer et contribuer à sa prospérité.

---

(1) Lauby A., Compte-rendu du Congrès d'Aurillac (*Revue d'Auvergne* et *Revue de la Haute-Auvergne*, 1902. p. 219).

I. Avantages de la création d'un musée à Saint-Flour

Avant de rechercher les moyens d'établir un musée dans notre cité, il faut se demander quels en sont les avantages. Je ne vous étonnerai pas, en vous disant que depuis longtemps déjà, j'avais été frappé des bienfaits que de tels établissements procurent aux villes qui en possèdent ; et, que ce n'est qu'après avoir examiné avec soin les résultats obtenus ailleurs, que je me suis décidé à émettre le désir qu'une telle innovation soit faite ici, pour le plus grand profit de notre population sanfloraine.

Les résultats obtenus sont de plusieurs sortes, les uns généraux, les autres spéciaux.

Les premiers peuvent être *intellectuels* et *moraux, patriotiques et spéculatifs.*

INTELLECTUELS. — Un musée étant un véritable livre d'images, son premier but sera d'éveiller l'intelligence des enfants dans toutes les directions, de développer en eux l'esprit d'observation, de leur donner des notions aussi exactes que possible sur l'ensemble des connaissances humaines.

A tous, il permettra de parfaire l'instruction acquise ; car, en laissant aux objets eux-mêmes, le soin de décrire leur histoire, n'est-ce pas provoquer un merveilleux enseignement incontestablement le plus pratique et le meilleur ? Faire « *voir,* » n'est-ce pas de toutes les façons la plus agréable et la plus sûre pour faire entrer en nous des notions nouvelles ?

J'en appelle au jugement de tous ; qui de nous, n'a été frappé de ce fait, que ce que l'on a *vu* reste sans effort profondément gravé dans la mémoire et que l'on acquiert ainsi des idées bien plus nettes de l'objet qu'avec la meilleure description lue dans un livre !

Au savant, le musée permettra d'utiliser des documents laborieusement rassemblés, qui parfois seront inédits, de fixer l'historique des collections et sauver de l'oubli des noms qui méritent de demeurer, de faire enfin des études comparatives qui l'aideront dans ses travaux

Cet avantage de l'instruction populaire *facilitée, accrue, complétée* par une sorte de véritable pratique, pourrait à lui seul justifier la nécessité de la création du musée.

2º MORAUX. — Véritable kaléidoscope animé, la visite des salles successives où les siècles dérouleront leur histoire, permettra au visiteur de lire sans fatigue la suite des œuvres de ses compatriotes, d'en apprécier les qualités, de discerner les mobiles qui ont présidé à leur exécution. En un mot, elles l'initieront à la marche incessante de la civilisation.

Dans cette atmosphère toute imprégnée des choses du passé, nos populations goûteront outre un repos qui ne sera pas sans charme, un profond respect pour les maîtres dont le génie impose l'admiration, le moyen de les mieux connaître, le désir de les imiter.

La grandeur d'âme des héros dont les hauts faits seront tirés de l'oubli, planera au-dessus de nos luttes mesquines, elle exercera sur tous sa bienfaisante influence, et sera pour beaucoup un puissant réconfort.

L'observateur s'intéressera à l'histoire de la formation du coin de terre qui l'a vu naître, il comprendra les diverses phases de sa formation, il recherchera la genèse des matériaux qui le constituent, il verra la vie y apparaître et s'y développer, il connaîtra enfin son semblable, ses premières luttes, ses premières joies et souffrances. C'est dire que le Musée lui fournira les données des grands problèmes que pose la science.

En cherchant ainsi à *honorer le travail* à mettre en relief *les inépuisables jouissances que procure la recherche de la vérité*, n'est-ce pas essayer de contribuer au développement de la vie morale de notre pays ?

3º PATRIOTIQUES. — Les collections ne sont-elles pas les leçons de choses du passé, où se reflète la vie matérielle et intellectuelle d'autrefois ?

Toutes ne portent-elles pas en elles un peu de l'existence un peu de la gloire du pays ?

N'est-ce pas un devoir civique, de transmettre aux générations futures, la mémoire et les œuvres des hommes éminents, qui ont sacrifié et sacrifient leur existence à l'étude de la petite Patrie ?

Dès lors c'est en les faisant connaître et admirer que nous ferons aimer davantage notre pays ; et ce sera tant mieux, car la tendresse qu'on garde au fond du cœur pour la petite Patrie ne peut qu'aviver l'amour qu'on a pour la grande.

C'est dire qu'un musée développera, sans chauvinisme, les *sentiments d'un patriotisme éclairé*.

4° SPÉCULATIFS. — Le meilleur moyen pour cela est de susciter la recherche et de conserver les vestiges de *l'autrefois* de la province.

En faisant ainsi, non seulement on fixera le souvenir des traditions et des labeurs qui furent l'orgueil de nos pères; mais encore, on constituera une collection d'une valeur considérable dont les éléments ont été jusqu'à ce jour en partie perdus ou dispersés.

Je citerai entre mille autres l'exemple suivant :

En 1840 le sieur Raynaldy de Neuvéglise, arrondissement de Saint-Flour, trouva en labourant son champ un vase en terre, dans lequel étaient une centaine de pièces d'argent. Cette monnaie parfaitement conservée portait l'effigie des empereurs romains César Auguste et Domitien. Le vase fut brisé par le choc de la charrue. Quelques personnes informées de cette découverte se livrèrent à des recherches et trouvèrent sur le même lieu une cinquantaine de pièces de même valeur. Que sont devenues ces pièces qui indiquent le passage de la civilisation romaine à Neuvéglise? perdues définitivement sans doute! Si un musée avait existé à cette époque elles seraient aujourd'hui *la propriété* de la ville.

Il en est de même dans les arts et dans l'industrie : combien d'œuvres locales dont la valeur s'accroît chaque jour semblent avoir été frappées d'ostracisme et ornent aujourd'hui les collections particulières ou celles d'autres grands musées ou établissements scientifiques ?

Il est temps d'arrêter ce triste exode et de garder jalousement chez nous, ce qui plus tard sera *une richesse* et constitue aujourd'hui notre gloire.

Les seconds ou résultats **spéciaux** sont relatifs aux domaines particuliers des sciences, des arts et de leurs applications.

C'est au musée. que nos agriculteurs apprendront à connaître la constitution du sous-sol de leurs propriétés, et sauront quels éléments le forment, ceux qui nuisent ou manquent à sa fécondité ; partant les modes d'amélioration les mieux appropriés.

Le substratum déterminé, ils pourront sélectionner les plantes les plus aptes à leur fournir le maximum de rendement ; tandis que l'examen des résultats de la sélection intelligemment appliquée, lui procureront avec des sujets meilleurs des bénéfices augmentés.

Il n'y a pas jusqu'aux produits de la ferme et aux appareils qu'il utilise, qui ne lui suggèreront des idées nouvelles et l'engageront à marcher dans la voie du progrès qui accroîtra les ressources de son intelligente exploitation.

Pour d'autres, la vue de minéraux aux couleurs chatoyantes leur rappelera que dans telle partie de leur patrimoine ou de leur région ils ont vu sans y prendre garde quelque chose d'analogue, ils se proposeront d'y regarder de plus près et d'en rechercher la nature, la valeur.

D'autres iront plus loin et demanderont à notre sol, si peu fouillé encore, de leur livrer ses secrets, et qui sait si de ce goût pris au musée ne naîtra pas un jour l'industrie dont notre pays a si grand besoin ? Les recherches minières qui de nos jours suscitent dans notre Auvergne des découvertes importantes réservent aux chercheurs de nombreuses surprises, et ces surprises sont de celles dont la portée est parfois des plus considérables.

A l'étranger, nous montrerons la liste de nos eaux minérales nous lui ferons connaître leur composition et leurs applications thérapeutiques, nous lui dirons que les Romains, fins connaisseurs en l'espèce, les avaient en haute estime et nous l'inviterons à venir leur demander la conservation de leur force, le rétablissement de leur santé.

Les produits consommés, ceux exportés et importés

par notre commerce y ayant leur place, ce sera une exposition permanente où le producteur pourra rechercher la cause de la disparition d'industries autrefois florissantes et voir quels produits nouveaux seraient susceptibles d'un meilleur rapport.

Enfin, non seulement le Musée sera pour nos populations un passe-temps aussi instructif qu'agréable, mais il aura surtout le don d'y attirer et de retenir les artistes et les touristes.

Les artistes en effet ne manqueront pas de lui rendre visite, car ils savent qu'ils trouveront là les documents les plus précieux et les plus précis sur l'existence' les mœurs et le caractère de notre race.

A notre époque où le tourisme prend de jour en jour une plus grande extension, il n'est pas sans intérêt de signaler la *pénurie des objets* qui, à Saint-Flour, méritent l'attention de l'étranger. Le Musée leur offrira toutes les ressources de la région, leur permettra de connaître l'histoire de l'arrondissement et fixera les points spéciaux qui les intéressent d'une façon plns particulière. Le touriste avisé profitera de cette bonne aubaine et nous le retiendrons ainsi plus longtemps dans nos parages, le commerce local y aura tout bénéfice.

J'ajouterai, que partout où l'idée de musée est devenue nne réalité, on a fait reculer l'*ignorance, la routine et la superstition* et c'est avec raison que l'on peut dire que les musées sont les temples de la Science et du Progrès.

Ainsi donc, les avantages médiats et immédiats de la création d'un musée ne sont pas discutables, c'est de plus une question essentiellement pratique et qui mérite de fixer l'*attention* et la *collaboratian de tous.*

II *Pourquoi en ai-je différé l'exécution ?*

Pourquoi, dites vous, avoir toujours attendu pour jeter les bases d'une création en tous points désirable ?

Les raisons en sont multiples.

Tout d'abord, j'ai dû rechercher si, dans notre arrondissement, je trouverais les matériaux nécessaires à la formation d'un musée ; puis, officieusement, pressen-

tir en particulier chaque possesseur de collection importante pour en obtenir le don verbal, au cas où un musée
serait créé.

Si cette question capitale est résolue *en partie* à
l'heure actuelle, il n'en reste pas moins vrai, que nombre de personnes sont encore à voir et à solliciter.

Il m'a fallu m'assurer aussi le concours de personnes
compétentes et dévouées, qui veuillent bien me seconder
dans cette tâche laborieuse.

Le choix d'un local, l'étude minutieuse de tous les
détails d'organisation matérielle, m'ont pris beaucoup de
temps.

La question financière m'a longtemps tenu en ha-
leine, elle était difficile à résoudre et cependant importante au premier chef.

J'avais à cœur de me présenter devant nos édiles
avec, en mains, autre chose que de beaux discours.

Je voulais pouvoir soumettre à leur examen : le détail
et l'analyse des collections promises, une étude complète
de l'organisation du musée, l'exposé des moyens d'exécution ; le tout ayant été mûrement réfléchi et examiné de
longue date. Il est en effet très difficile, sinon impossible,
de remédier dans une telle organisation à un oubli ou à
une disposition défectueuse.

A l'aide de ces documents, le conseil municipal
aurait pu se prononcer en toute connaissance de cause
et l'exécution aller vite, sans temps d'arrêt toujours pré-
judiciables.

La visite minutieuse qu'il m'a été donné de faire de
nombreux musées de France, m'a été d'un grand secours ;
néanmoins, pour certains points de détails, j'aurais encore
à visiter quelques autres grandes collections.

Je ne pouvais sacrifier à cette question que peu de
temps étant absorbé par d'autres travaux.

A l'heure actuelle une étude urgente, qui ne sera
terminée que durant les derniers mois de l'année, ne me
permet pas, présentement du moins, d'accorder à l'organisation matérielle du musée le temps qui serait nécessaire.

Enfin la maladie est venue augmenter ces diverses
causes de retard.

Néanmoins, je vais vous indiquer rapidement la genèse de la question, son état actuel, ce qui vous permettra non seulement de connaître nos projets, mais aussi les solutions que nous proposons.

III. Un musée pour la ville de Saint-Flour

1° Quelle doit être la composition d'un musée régional ?

Tout d'abord, je pose en principe que la partie principale de notre musée doit être strictement réservée aux documents, œuvres et produits locaux, c'est-à-dire fournis par notre arrondissement en particulier et le Cantal en général, en sachant toutefois nous affranchir, au besoin, de la stricte limite administrative et empiéter sur des arrondissements voisins, de façon à établir une *région naturelle.*

Une place sera réservée aux productions du Massif central dont le Cantal n'est que l'une des parties et aux échantillons de toute autre provenance nécessaires comme termes de comparaison.

Pour chacune de ces trois séries, les matériaux rassemblés prendront rang dans les groupes suivants : *Sciences, Histoire, Arts, Agriculture, Industrie et Commerce.* Chacune de ces grandes divisions sera elle-même subdivisée de la façon suivante :

Sciences : Géologie et minéralogie, climatologie, zoologie, botanique, anthropologie préhistorique.

Histoire : Homme historique, homme actuel.

Arts : Numismatique et sigillographie, architecture, peinture, sculpture, gravures, armes.

Agriculture, Instruments, produits.

Industrie et Commerce : Métaux et Mines, Carrières, Tanneries, Draps et Toiles, Chaudronnerie, Verrerie, Ceramique, Orfévrerie, Emaux, Dentelles.

Chacune de ces divisions principales, étant à son tour affectée de subdivisions où viendront prendre place les objets de divers ordres.

C'est là un plan rationnel, qui suivra l'ordre chronologique, dans lequel les échantillons exposés ont été formés par la nature et façonnés par l'homme.

La section de géologie sera représentée par les divers terrains de notre arrondissement : archéen, oligocène, dépots et roches volcaniques. miocène et pliocène, alluvions, pleistocènes Les fossiles seront intercalés à leur place respective dans la série des roches tandis que les éléments constituants de ces derniers ou minéralogie complèteront cet ensemble.

Les documents météorologiques viendront ensuite. La flore et la faune étant le produit du sol et du climat trouveront là leur place.

Sol, climat, flore et faune ont réalisé les conditions à la faveur desquelles l'homme s'est établi. C'est donc à l'homme que seront consacrées les vitrines suivantes.

L'homme préhistorique y sera représenté par les produits de sa primitive industrie et le mobilier des tumuli.

L'homme historique le sera par les productions de son génie.

Enfin le sanflorain actuel nous montrera ses types ethnographiques, ses costumes locaux. ses ustensiles de ménage, en un mot tout ce qui constitue le folklore.

Ces données nous amènent tout naturellement aux œuvres artistiques qu'il a produites : peinture, sculpture, gravure.

L'évolution de l'application de son intelligence aux produits destinés à assurer son existence terminera l'exposé de ces richesses, sous les quatre rubriques suivantes : *agriculture, produits minéraux utilisés, industrie et commerce.*

L'agriculture y tiendra la première place, elle y sera représentée par les machines-outils et les instruments agricoles, les animaux domestiques et leurs produits, une collection de fruits artificiels, de graines et de racines, un herbier des plantes fourragères. alimentaires. des spécimens des bois du pays en coupes transversale et longitudinale, les appareils et les données relatifs à l'aviculture, les engrais (analyses et collections) et les spécimens de roches et de minéraux à utiliser par elle.

Viendront ensuite des modèles de machines industrielles, les matières brutes employées dans l'industrie locale avec indication de leurs principales transformations et de l'ouvrage achevé, des échantillons des industries locales et des industries similaires de l'étranger.

Tel est le merveilleux *livre de leçons de choses* que nous proposons de constituer.

2° Pourra-t-on trouver dans la région les matériaux nécessaires à sa formation ?

Tout le monde sait que notre sol est particulièrement favorisé au point de vue des richesses naturelles et ce que Delarbre disait de l'Auvergne est vrai pour notre arrondissement : « C'est un vaste cabinet d'Histoire naturelle. »

Notre pays l'est encore davantage en souvenirs historiques, tout grand événement y a eu son écho et laissé son reflet. Il n'est pas un point du sol sanflorain, pas un recoin de ses plaines ou de ses montagnes dont le nom ne rappelle un épisode célèbre, une institution illustre. Il suffit de s'arrêter, de voir, d'interroger, et pour peu que l'on fouille, l'on fera surgir l'étincelle cachée sous la cendre des siècles.

Cette vie intense et toujours personnelle que notre région a eu naguère, ses mœurs bien particulières, son originalité dans l'art et dans l'industrie ; *tout*, nous fait présumer : que des richesses naturelles pourront être rassemblées, que des traces des civilisations antérieures pourront être arrachées à l'oubli, que tous ses souvenirs glorieux ne sont pas complètement disparus, que nous trouverons encore des produits de son intelligence, de son énergie et de son activité.

Voici les résultats des premières tentatives faites dans cette voie :

Liste des personnes sollicitées à ce jour et qui veulent bien offrir leurs collections pour constituer le premier noyau du musée.

(a) MUSÉE LOCAL

GÉOLOGIE : *M. Lauby*, Correspondant du Ministère de l'Instruction publique, Collaborateur au Service de la carte géologique de la France, — collection personnelle de l'arrondissement et du Cantal, doubles de la collection Rames ;

M. *Seguy*, greffier en chef du tribunal civil — collection de roches des environs de Murat (recueillies par M. Seguy, père).

MINÉRALOGIE : M. *Rieuf*, conducteur des Ponts-et-Chaussées à Massiac, doubles de sa collection de l'arrondissement et du Cantal ;

M. *Seguy*, mineraux des environs de Murat et du Cantal.

PALÉONTOLOGIE. ANIMAUX FOSSILES : *M. Seguy*, vertébrés de l'Infra-Tongrien, de Mons de Rolliac, (collection de M. Seguy père) ;

Musée d'Aurillac, moulages des vertébrés, de Brons près St-Flour, des mammifères Pontiens du Puy Courny et des environs de Neussargues.

PLANTES FOSSILES : M. *Lauby*, collection personnelle de l'arrondissement et du Cantal ;

M. *Lauby*, dépôts diatomifères du Cantal ;

M. *Lauby*, coupes histologiques des lignites.

FLORE : M A. *Lafont*, pharmacien, herbier des environs de Saint Flour, de Bardol Jacques (1735-1825), médecin à Saint-Flour ;

M. *Seguy*, herbier des environs de Murat, (collection de M. Seguy, père) ;

M. *l'abbé Charbonnel*, curé de La Chapelle-Laurent ; herbier général de l'arrondissement et du Cantal ;

M. le *frère Heribaud*, à Clermont-Ferrand, herbier agricole de l'arrondissement et du Cantal.

FAUNE : VERTÉBRÉS. *Société de chasse de St-Flour*, mammifères, oiseaux, nids et œufs, de l'arrondissement ;

Société de pêche de St-Flour, poissons des cours d'eau de l'arrondissement.

ENTOMOLOGIE : M. *Daude*, propriétaire de l'hôtel du Lioran, doubles de sa collection d'insectes de l'arrondissement et du Cantal, (cette collection sera complétée par des dons de *MM. Bruyant* et *Eusebio*, professeurs à Clermont-Ferrand).

ANTRHOPOLOGIE PRÉHISTORIQUE : (1) ÉPOQUE PALÉOLITHIQUE :

MM. Pagès-Allary et Lauby, collection de silex taillés du Cantal ;

---

(1) Je ne fais pas figurer dans cette nomenclature les collections préhistoriques recueillies dans notre région p r M. Delort, car leur acquisition est subordonnée aux ressources dont pourra disposer le musée.

M. *Aymar*, contrôléur des contributions directes à Toulouse, doubles de sa collection, environs d'Aurillac.

ÉPOQUE NÉOLITHIQUE : M. *Baldram*, à Rezentières, collection importante, provenant des fouilles faites dans l'arrondissement ;
MM. *Pagès-Allary* et *Lauby*, collection provenant de fouilles de points divers du Cantal.

ARCHÉOLOGIE : ÉPOQUE GALLO-ROMAINE : *Municipalité de Coren*, objets en bronze très remarquables provenant de fouilles faites à la fontaine minérale de Coren ;
M. *Delotz*, président de la Société de chasse, collection de poteries gallo-romaines ;
M. *Rolland*, instituteur en retraite, à Moussages, monnaies gallo-romaines.

ÉPOQUE MÉROVINGIENNE : M. *Lauby*, Mobilier de fondeur du Puy de la Fage.

PEINTURE : M. *Bélard*, archiviste bibliothécaire de la ville, collection de croquis du peintre Onslow ;
M. *Bélard*, portraits d'hommes illustres de l'arrondissement et du Cantal ;
M. *Aymar*, paysages du Cantal.

VERRERIE : M. *Picard*, archéologue à Aurillac, spécimens des anciennes verreries de la Margeride.

(b) MUSÉE MASSIF CENTRAL

TOPOGRAPHIE : M. *Tallon*, capitaine adjudant-major à Riom, Plans en relief, du groupe des Monts Dômes et des Monts Dores.

GÉOLOGIE : M. *Lauby*, collection personnelle et préparations microscopiques des dépôts et roches du Massif.

PALÉONTOLOGIE : PLANTES FOSSILES :

M. *Lauby*, collection personnelle, phanerogamique, l'une des plus complète, accrue de celles de M. Boulay, professeur à Lille, et du pensionnat de Clermont-Ferrand ; coupes histologiques des lignites de divers gisements, échantillons et préparation des dépôts diatomifères du Massif.

FLORE : M. *Lauby*, herbier ancien (plantes médicinales) récoltés vers 1776, par Lathelize de Girac.

FAUNE : M. *Lauby*, collection de papillons d'Auvergne.

DIVERSES : Doubles et moulages de plusieurs grandes collections d'histoire naturelle.

(c) MUS_E RÉGION DIVERSES

HISTOIRE NATURELLE : *M. l'abbé Chanet*, missionnaire, oiseaux, œufs, poissons, reptiles, mollusques, coléopteres et papillons de la Chine, (don de M. Lauby).

FLORE : *M. Lauby*, herbier général, Amérique, Chine, Japon, Indes, Egypte, Perse. Caucase ; herbier de feuilles, du savant suisse Oswald Heer, (don de M. Lauby).

ANTHROPOLOGIE : *M. Lauby*, documents osseux et silex taillés de la Vézére.

NUMISMATIQUE : *M. Douët Alfred*, avocat, doubles de ses collections de monnaies et jetons.

Malgré la meilleure volonté, je n'ai pu encore me mettre en relation avec de nombreuses personnes qui possèdent des objets intéressants, c'est dire que l'œuvre n'est qu'ébauchée ; néanmoins, ce rapide exposé permet de se rendre compte que nous possédons les éléments d'un musée des plus instructifs et que nos vitrines seront rapidement garnies.

3° Collaboration nécessaire

Dès lors, étant admis que la création d'un musée offrait des avantages indiscutables et que d'autre part les collections promises me permettaient d'envisager l'avenir avec confiance, j'ai du songer à la partie technique : à l'étude, au classement et à l'installation des nombreux matériaux qui seront offerts.

N'étant pas versé dans les questions d'art et d'histoire, j'ai demandé à notre ami M. Bélard, dont la compétence en la matière est connu de tous, de m'accorder sa collaboration pour mener à bien cette œuvre.

Son acceptation, qui a divisé normalement le travail, m'a vivement encouragé à persévérer dans mes efforts.

Dès lors, il a été décidé, entre nous, que toutes les questions ayant trait aux lettres seraient examinées par M. Bélard me réservant la partie scientifique.

4° Choix d'un local

Avec le choix d'un local surgirent les premières difficultés matérielles ; car, non seulement il devait, dans notre pensée, abriter les collections du Musée ; mais aussi, donner asile à la bibliothèque qui en est la sœur jumelle et permettre l'installation d'un petit observatoire. Il n'est pas nécessaire d'insister sur les avantages de tels rapprochements.

Je n'ai pas à envisager ici la question du choix de l'évêché, car à l'époque où nous cherchions un local propice, cet immeuble n'était pas disponible.

M. Seguy, le sympathique greffier de notre tribunal civil, a bien voulu nous aider de son aimable concours dans cette recherche ; l'un des premiers, il s'est intéressé à la création d'un Musée et je suis heureux de cette circonstance pour lui dire combien ses encouragements et ses conseils m'ont été d'un précieux secours ; je compte beaucoup sur sa collaboration pour parfaire l'œuvre commencée.

Je dois à M. Hugon, architecte municipal, des renseignements très précis, qui nous ont bien aidé en l'occurence. Nous avons envisagé successivement les locaux qui pourraient être rendus libres dans notre mairie actuelle, l'étage du théâtre municipal dont il n'est fait aucun usage, diverses chapelles ; l'exiguité des locaux, ou leur trop faible élévation ou d'autres raisons d'ordre majeur nous on fait repousser tous ces projets et finalement notre choix s'est porté sur l'ancienne collégiale aujourd'hui Halle-au-Blé.

Là, le musée se trouvait dans son *véritable cadre,* dans l'un des rares monuments de gothique flamboyant en Haute-Auvergne. Ce chef-d'œuvre du XVe siècle est malheureusement étouffé aujourd'hui, par les constructions que l'on a laissé s'immiscer dans les chapelles latérales de l'ancien cloître.

Les droits des propriétaires de ces immeubles étaient pour nous une entrave gênante, ils sont les suivants d'après les actes notariés en date de nivôse an IX (décembre 1800) passés en l'étude de Me Richard aîné dont Me Folloppe nous a très aimablement, communiqué les minutes.

Extrait des ventes :

1. Le preneur sera tenu de monter entre la Halle et la chapelle vendue un mur de séparation dont le milieu sera perpendiculaire à l'arceau d'icelle

2. Il pourra pratiquer en dedans de la Halle une porte, laquelle s'ouvrira en dedans de la chapelle ; une fenêtre au premier étage et une petite fenêtre par-dessus à fer maillé et verre dormant.

3. Le dit preneur ne pourra dans aucun temps et pour aucun prétexte toucher à la voûte, pratiquer aucune issue comme cheminée ou autre service.

4. Il entretiendra à ses frais le couvert d'icelle de manière qu'il soit toujours en bon état.

5. Il pourra avoir des clefs des maîtresses portes de la Halle à la charge pour lui de les faire à ses frais, sans pouvoir rien placer au-dedans, ni établir aucune servitude autre que celle de l'entrée.

C'est en vain que nous avons recherché le cahier des charges relatif à ces ventes.

Après l'étude de bien des projets nous avons pu établir une combinaison qui respecte les droits de chacun.

5° Situation du Musée et de la bibliothèque

Le Musée serait établi dans la partie supérieure de la Collégiale et séparé de la Halle, proprement dite, par un plancher qui s'étendrait sur toute la superficie du bâtiment, au niveau de la partie supérieure des chapelles (à la hauteur du plancher de la grange actuellement louée à M. Chastel). Les droits de jour et de passage, des propriétaires des chapelles, seraient assurés à l'aide de l'ouverture existante du mur est, en pratiquant des ouvertures nouvelles dans le mur ouest, en modifiant les portes d'entrée, et au besoin par un dispositif particulier du plancher du musée.

Le toit actuel de la Halle serait remplacé par un ciel ouvert.

On accéderait au Musée par un escalier se développant dans la tour dite de l'Horloge, où M. Hugon, adjudicataire du Poids public a son logement. Le Poids public pourrait être transféré dans les bâtiments des anciennes casernes appartenant à la ville, et si possible, dans la chapelle des Pénitents blancs où il se trouvait autrefois ; le local dû à l'adjudicataire serait organisé dans ces mêmes bâtiments.

La ville céderait, à l'intérieur de la Halle, l'emplacement où était autrefois remisé le matériel d'incendie, avec autorisation de fermer cet espace, qui serait limité en hauteur par le plancher du Musée ; l'ensemble formerait un rez-de-chaussée et un premier étage qui serviraient au logement du concierge. Le mur ouest du Musée serait percé en son milieu d'une baie, flanquée à droite et à gauche d'une fenêtre, le tout dans le style du monument. La grande baie éclairerait un petit laboratoire, les fenêtres les cabinets du conservateur et du directeur.

Au dessus de l'ensemble des trois pièces se trouverait la bibliothèque.

Enfin, un petit observatoire serait installé au sommet de la tour de l'Horloge, il serait déservi par l'escalier actuel qui donne accès au toit de cette tour et prend naissance dans le vestibule du grand escalier du Musée.

6° Détails de l'installation

Le Musée portera le nom de *Musée de la Ville de Saint-Flour* ; l'entrée en sera gratuite.

Les visiteurs devront se conformer au règlement qui sera ellaboré par la commission d'organisation.

a) *Tour de l'Horloge* — Ses dimensions sont : largueur 3 m. 85, longueur 7 m. 20, formé de plusieurs étages superposés. Pour arriver au niveau du Musée, un escalier central de 1 m. 50 de large aboutirait à un premier palier, d'où deux escaliers en retour, d'une largeur de un mètre, conduiraient à un 2° palier, de là un nouvel escalier central de 1 m. 50 arriverait au vestibule du Musée.

Le vestibule de l'escalier sera orné des plans en relief du Cantal et des départements limitrophes, ainsi que des cartes topographiques et planimétriques de l'arrondissement, du département et du Massif central, susceptibles de fournir tous les documents géographiques désirables.

La cage de l'escalier sera ornée des portraits des hommes natifs de l'arrondissement et du département qui se seront illustrés dans les diverses branches de l'activité humaine.

Le vestibule d'entrée de la salle du Musée contiendra les indications relatives à sa fondation, un tableau spécial renfermant les noms de tous les donateurs, la liste des membres du Conseil municipal et des membres des commissions d'organisation, de patronage et propagande.

b) *Annexes du Musée.* — Les dimensions totales de l'étage où seraient installés Musée, Bibliothèque et leurs dépendances sont : longueur 32 m., largeur 11 m. 85, hauteur 8 mètres.

Dans la partie ouest à partir du mur, un espace de 8 m., de long sur toute la largeur de la salle serait réservé. Il permettrait d'installer une pièce pour le Conservateur de 3 m., de large sur 3 m., de haut éclairé par une fenêtre ;

un petit laboratoire de 5 m. de large et 3 de haut éclairé par une baie (ce laboratoire est absolument nécessaire : d'abord pour recevoir les objets destinés au Musée, pour procéder à leur préparation, montage, étiquetage, etc. ; de plus, au cas ou des personnes désireraient consulter ou étudier les matériaux du musée ils pourraient le faire dans cette pièce avec l'autorisation et sous la surveillance de la direction) ; enfin une pièce de 3 m. 85 de large et 3 de haut éclairé par une fenêtre, affectée au Directeur.

c) *Bibliothèque*. — Au-dessus de l'ensemble de ces 3 pièces c'est-à-dire sur une surface de 8 m. de large sur 11 m. 85, de long avec une hauteur de 5 m. à 5 m. 50 serait installée la bibliothèque ; elle serait divisée en deux pièces : l'une de 4 m. de large sur 8 m. de long servant de salle de lecture ; l'autre de 8 m. sur 8 m. servirait de bibliothèque proprement dite, les livres y seraient installés sur tout le pourtour et dans des travées rayonnées pouvant se développer sur toute la hauteur de la pièce (5 m. à 5 m. 50) La bibliothèque serait éclairée par un ensemble d'ouvertures s'harmonisant avec celles de l'étage inférieur.

d) *Salle du Musée*. — Il resterait pour le Musée proprement dit une salle de 24 m. de long sur 11.85 de large et 8 m. de hauteur, l'escalier d'entrée aurait, dans ces conditions, son vestibule sensiblement au milieu de la paroi sud de cette salle.

Elle serait subdivisée de la façon suivante. Les deux tiers seraient réservés aux collections locales dans l'ordre que nous avons précédemment indiqué, le tiers restant étant subdivisé en deux parties égales : l'une pour les matériaux ayant trait au Massif Central, l'autre pour les collections de provenances diverses, nous avons dit que ces dernières permettraient des études comparatives. ce qui est un point important.

Des travées, formées par des armoires vitrines verticales établiraient des couloirs non fermés dont l'axe serait normal à la longueur de la salle, la partie médiane de ces couloirs serait occupée par des vitrines basses du modèle de la galerie de paléontologie du Muséum de Paris.

Des cloisons verticales de même hauteur que les vitrines armoires, seraient utilisées pour les sections de peintures et les reconstitutions ethnographiques.

L'éclairage serait obtenu par les ouvertures existantes au nombre de six ; trois à l'exposition de l'est, trois à l'exposition du sud ; le manque d'ouverture aux expositions nord et ouest nécessiterait l'emploi d'un ciel ouvert qui remplacerait le toit actuel, servirait à l'éclairage général et procurerait aux sections de peinture et de sculpture la lumière qui leur est indispensable. Il serait construit en *verre armé* de 4 à 6 m/m d'épaisseur, comme il a été fait pour le musée de Toulouse, dans les gares de Lyon-Brotteaux, Dijon, Marseille, gare de Lyon, à Paris, etc. Son prix est (Manufacture de Saint-Gobain) de 6 francs le mètre carré.

Des sièges seraient disposés sur le pourtour de la salle.

Les échantillons bien espacés seront placés sur chevalets ou sur pinces afin que l'examen en soit facile. Leurs étiquettes montées, verticalement sur des supports métalliques donneront : le nom de l'objet, des renseignements de provenance très précis et le nom du donateur.

Des tableaux explicatifs, rédigés en termes clairs, sans mots techniques, rendront compréhensibles à tous les notions contenues virtuellement dans les objets exposés.

Je passe sous silence les méthodes de technique opératoire, nouvelles, à employer pour la préparation des divers, groupes d'objets.

Pour la peinture, la sculpture et les objets qui ne permettront pas cette disposition, le nom du sujet sera indiqué avec *toujours* celui du donateur.

Le visiteur, qui voudra parcourir le musée dans l'ordre logique n'aura qu'à se laisser guider par l'enchainement de toutes les parties qui le constitueront.

e) *Des droits de jour des habitants de la Halle.* — D'après les actes de vente, dont nous avons relaté plus haut les clauses, les propriétaires des chapelles ayant vue sur la Halle ont droit au passage dans cette dernière ; ils doivent donc y jouir d'une lumière suffisante pour leur permettre l'exercice de ce droit.

Etant donné que notre plancher supprime les 4 ouvertures de la partie supérieure dont ils jouissent actuellement, on doit se demander comment la Halle proprement dite sera alors éclairée.

Voici : la fenêtre qui est à l'entrée est du bâtiment au

dessus de la porte, fenêtre actuellement bouchée, serait remise en état.

Deux fenêtres pourraient être pratiquées à droite et à gauche de la porte d'entrée ouest.

Les portes en bois massif (est et ouest) seront remplacées par des portes grillées en fer forgé munies de glaces.

Enfin, si ces dispositions n'éclairaient pas suffisamment le centre de la Halle, le plancher de la salle proprement dite du Musée, pourrait être constitué dans sa partie centrale par des dalles en verre extra blanc (spéciales pour pavement et éclairage de sous-sols), formant une bande de 15 mètres de long sur 5 de large, la lumière du ciel ouvert de la voute, diffusée de la sorte, fournirait un grand éclairage.

D'après les données qui nous ont été fournies par les ingénieurs de la manufacture de Saint Gobain, auxquels nous avons soumis la question, il résulte que les dalles en verre blanc à employer serait un modèle récemment créé dit « dalle à rayons », de 36 sur 36 cm. et de 30 millimètres d'épaisseur.

Ces dalles sont remarquables par leurs qualités d'aspect et de « *luminosité* ».

Elles offrent une résistance de 250 kilogr. par centimètre carré de section.

Leur prix est de 45 francs le mètre carré.

De nombreuses applications en ont été faites notamment : aux magasins de la « Samaritaine », à Paris, à l'Hôtel du Crédit Lyonnais, au Comptoir d'Escompte, au nouvel Hôtel des Postes, à l'Hôtel-de-Ville, au ministère des Postes et Télégraphes, à la gare St-Lazare, aux magasins du Bon Marché, du Printemps, à la Cie Transatlantique et à bien d'autres monuments d plus grande ou de moindre importance.

Ainsi donc l'éclairage de la Halle peut-être obtenu de façon à ce que les intéressés puissent y exercer leurs droits *les plus stricts*.

7° Exécution du projet

A) *Conseil municipal. — Commission d'organisation. — Comité de patronage et de propagande. —* Pour mener à bien l'œuvre si complète de la création d'un musée, il est tout d'abord nécessaire que le conseil municipal lui accorde son patronage.

a) Une *COMMISSION DITE D'ORGANISATION* serait ensuite constituée, elle comprendrait :

1. Une section *extra municipale* formée de huit à dix membres Ces membres, suivant leurs aptitudes spéciales seraient répartis en deux groupes d'études : l'un relatif aux *Sciences pures et appliquées*, l'autre aux *Lettres et Arts*.

Dans mon projet, j'ai déjà l'acceptation, à ce sujet, de collaborations précieuses ; confidentiellement je puis vous les communiquer ; mais, je craindrais que la publication des noms des savantes et bonnes volontés actuellement groupées, *n'empêche* la manifestation d'autres dévouements compétents qui, par scrupule, resteraient dans la coulisse dans la crainte de faire double emploi.

Néanmoins, à toute personne que la question du musée intéresse, et en particulier, à celle anonyme, dont vous avez reçu un article, je me ferais un plaisir de faire connaître, officieusement, la liste des amis qui ont bien voulu m'accorder leur confiance et le secours de leur savoir. Je serais heureux de pouvoir les compter ensuite au nombre de nos collaborateurs effectifs.

2. Une *délégation municipale* composée de huit à dix membres dont feraient partie de droit M. le Maire, ses deux adjoints, M. l'architecte de la Ville.

b) Un *COMITE DE PATRONAGE ET DE PROPAGANDE* qui serait constitué :

1. Par toutes les autorités représentatives, administratives et municipales de l'arrondissement.

2. Par toutes les autorités dans les sciences, les lettres, les arts, l'agriculture, l'industrie et le commerce, d'origine cantalienne, qui existent dans le département ou sont disséminées en France ou à l'étranger.

3. De toutes les personnes qui, à des titres divers, pourraient apporter un concours utile.

4. De toutes les bonnes volontés.

La liste en sera établie par la commission d'organisation et je soulignerai avec soin, que dans cette œuvre pour le bien public, il est *absolument indispensable* que tout esprit *de parti ou de caste* soit *rigoureusement écarté*.

Commisssion d'organisation. — Elle aurait pour but l'étude et l'élaboration de tous les moyens susceptibles de favoriser le développement de l'œuvre, de recevoir les dons, d'effectuer leur classement de trancher tous les points litigieux qui pourraient surgir.

Elle arrêterait les statuts et règlements du Musée, solliciterait l'appui des autorités, le concours des savants et spécialistes, la collaboraton des journaux.

Comité de patronnage et de propagande. — Il étendrait ses ramifications dans les moindres communes de l'arrondissement, se mettrait en rapport avec les Sociétés auvergnates disséminées en France. les comices et syndicats agricoles, demanderait des documents aux chambres de commerce françaises et étrangères, aux consuls français, aux industriels etnégociants fixés à l'étranger.Solliciterait des matériaux d'études comparatives. des Sociétés savantes ; des établissements scientifiques, des Ministres de l'Instruction publique, des Beaux-Arts, du Commerce et de l'Industrie. En un mot elle seconderait la Commission d'organisation en usant de tous les moyens susceptibles de faire connaître le Musée,de lui procurer des matériaux et par sa haute influence lui attiré toutes les sympthies.

B) *Concours de toutes les bonnes volontés*. — Je ne saurais trop ici faire appel à toutes les bonnes volontés. Quelles qu'elles soient, elles seront les bienvenues, il s'agit d'une œuvre d'un intérét général dont les bons résultats se feront rapidement sentir, aussi nous espérons que tous ceux qui possèdent des objets se feront un devoir d'apporter leur contribution à cette œuvre *éminemment démocratique*.

8° Question financière

Permettez-moi, mon cher ami, de ne pas vous ouvrir ce carton, je vous dirai seulement que je suis arrivé à la solution de ce problème, qui parait insoluble, les frais nécessités étant considérables.

Sachez que nous n'aurons à demander au conseil municipal qui nous accordera sa confiance que :

1, Le local nécessaire à l'installation du Musée et de ses dépendances.

2. L'entretien en bon état de ce local.

3° La création étant effectuée,une somme annuelle fixe,

affectée à l'entretien des collections et à la rémunération du personnel.

4· Un local provisoire susceptible de recevoir les collections et les objets offerts au Musée.

Au cas ou pour des motifs divers, le donateur ne voudrait pas se dessaisir des objets avant que le local du Musée ne soit aménagé j'avais établi le modèle suivant de promesse de donation :

Je soussigné................................ **m'engage à faire don au**

Musée en fondation des objets ci·après :.........................

....

A.............. le.............. 190

(Signature)

Nota. — Des fiches indicatrices ou des vitrines spéciales suivant la quantité des objets offerts mentionneront le nom du donateur et ses qualitées.

Un tableau spécial ou Livre d'or du Musée renfermant les noms de tous les donateurs sera exposé à l'entrée.

Les objets seront remis à MM.............................. membres du comité d'organisation, sur leur demande et contre reçu de leur part.

Tous les soins utiles seront donnés aux collections et aux cas ou le musée cesserait d'exister les objets seront remis aux donateurs ou à leurs héritiers.

9° Guide du visiteur au Musée

Le Musée organisé, des conférences seront faites à St-Flour, mensuellement, durant les semestres d'hiver, par des savants spécialistes, qui traiteront toutes les branches des connaissances représentées au Musée.

Ces conférences ne viseront qu'à l'étude de l'arrondissement sous ses multiples aspects. Réunies, elles formeront un volume qui sera accompagné de planches représentant les principaux objets du musée qui auront été utilisés pour chacune d'elles.

Un plan de l'établissement et toutes considérations utiles complèteront cet ouvrage, qui sera à la fois, le guide du visiteur au Musée et celui du touriste qui parcourra notre arrondissement.

Il sera vendu au bénéfice du Musée.

Je me résumerai en un mot : TOUT A TOUS, telle doit être notre devise,pour que chacun apporte comme mise de fonds à ce musée, telle une société de secours mutuels: son savoir, sa bonne volonté et le sacrifice pour le bien commun du bibelot de famille ou les fruits de ses recherches.

Tels sont, cher Monsieur, rapidement esquissés il est vrai, mes projets et la suite de mes efforts pour les mener à bien ; vous voyez, que depuis 1902, date à laquelle j'ai posé la question, bien des faits ont été vus et examinés avec soin.

Non seulement la question était dans l'air, mais elle prenait corps.

Au dévouement de tous nos compatriotes, aux amis de la décentralisation, aux vrais mutualistes en un mot de *donner vie à ce corps.*

... Cette longue entrevue m'avait paru extrêmement courte : longtemps encore la question du musée occupa nos instants.

Dans le courant de la conversation, j'avais noté des points à éclaircir, plusieurs details à préciser ; je hasardai quelques critiques, ou plutôt quelques observations : la place plutôt restreinte faite aux œuvres d'art pur, tableaux, sculptures,qui intéressent davantage la grande masse,parce qu'elles parlent davantage aux yeux ; l'absence totale, pour notre musée, de ces œuvres ; les difficultés énormes de l'installation de ce musée dans l'ancienne Collégiale, les frais considérables qu'elle entrainera.

M. Lauby a réponse à tout : la question financière, la plus importante et la plus difficultueuse, est dejà réglée point par point, sou par sou, pourrait-on dire.

Grâce à la solution de la question financière, celle de l'installation dans la Collégiale est opérée. Quant aux œuvres d'art qui manquent encore, une très large place leur sera réservée ; le moyen de s'en procurer ; mais d'abord en en achetant. Ensuite, de généreux donateurs consentiraient certainement à se dépouiller de celles qu'ils possèdent pour enrichir le patrimoine artistique de notre ville ; les pouvoirs publics enfin se feront un devoir de doter notre musée de nombreuses collections peintures et sculptures de toutes sorte comme ils le font pour ceux des autres villes.

L'essentiel, conclut M. Lauby, est que la question soit posée officiellement, et elle le sera demain, grâce à la large publicité et à l'influence du *Courrier d'Auvergne* ; l'essentiel est que la population sanfloraine toute entière, sans distinction de caste ni de parti, s'intéresse à ce projet ; l'essentiel est que notre Conseil municipal prenne la chose en mains et fasse rondement les premières démarches, prenne sans tarder les premières importantes délibérations ; en un mot fasse son devoir, tout son devoir, qui est de favoriser les idées neuves et fécondes, d'appuyer et d'encourager les initiatives désintéressées et utiles à la collectivité ; d'accorder tout le poids de son autorité et son influence morale, intellectuelle et financière à un projet qui n'a d'autre but que « le plus grand Saint-Flour. »

... Oui, la question du musée est désormais officiellement posée, et je suis fier pour ma part, d'y avoir contribué.

Que les bonnes volontés, toutes les bonnes volontés s'organisent ; que tous les concours, grands et petits, se combinent ; que tous les sanflorains — de Saint-Flour et d'ailleurs — se mettent à l'œuvre, et demain Saint Flour aura son musée.

A. REGIMBAL.

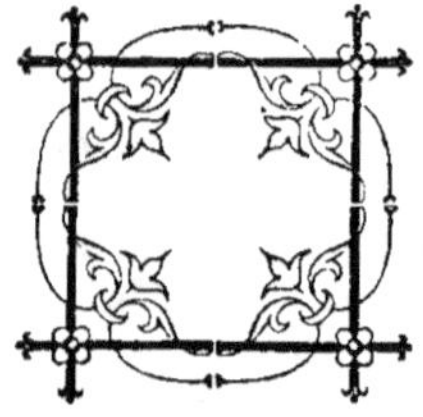